レトロガーリーワンピース
Mayo Suzukiのソーイングブック

Mayo Suzuki

Introduction

　私は自他ともに認めるインドア派ですが、
お気に入りの洋服を着て出かけるのは大好きです。

　その場所や予定に合わせた洋服を「作って着る」というのは、
最高のおしゃれだと思います。
行きたいカフェの内装に合わせた色合いや、
見に行く展示の作風に合わせたデザイン。
アイディアが膨らみます。
いつしか洋服が欲しくなったら、
服屋さんではなく生地屋さんに向かうようになっていました。

　この本では、袖やスカートの型紙を換えることで、
いろいろなデザインのワンピースが作れるようになっています。
生地の色や厚み、柄を換えても
雰囲気がガラッと変わるのが面白いところです。
私のデザインアイディアもイラストで載せているので、
組み合わせの参考にしていただけると嬉しいです。

　皆さんも出来上がったワンピースを着て、
お出かけしているところを想像してみてください！
きっと楽しく作ることができますよ♪

Mayo Suzuki

Contents

1   p.06 _ p.48

2   p.08 _ p.52

3   p.10 _ p.56

SPRING

1   p.12 _ p.60

2   p.14 _ p.63

3   p.16 _ p.66

SUMMER

p.02 Introduction p.34 Table of combination
p.30 Q&A p.36 Sewing tools
p.32 Design idea p.38 Basic techniques
  p.47 How to make

1 p.18 _ p.69
2 p.20 _ p.73
3 p.22 _ p.76

AUTUMN

1 p.24 _ p.79
2 p.26 _ p.82
3 p.28 _ p.85

WINTER

SPRING
1
How to make P.48

スカラップネックの身頃（a）に、ローウエストのスカートを合わせたワンピース。違う柄の布地を使うときは、同系色で選びます。袖は春らしいパフスリーブの五分丈（袖A-1）に。

06

SPRING
2
How to make P.52

パネルラインをフリルで強調した身頃（b）と、裾にタックを寄せた直裁ちのギャザースカート（1）を合わせました。綾織りのマゼンタピンクの布で、映画のヒロインのような華やかさを演出。

SPRING
3

How to make P.56

Vネックの身頃(c)に半袖(袖C)、タックスカート(2)を合わせて、とろみ感のあるポリ系のプリント布で仕立てたワンピース。前飾りとベルトの布は、表布のお花の色味から拾うと統一感が出ます。

SUMMER
1
How to make P.60

ピンタックを寄せたキャミソールタイプの身頃(d)に、裾フリルでボリュームアップしたスカート(3)を合わせて。赤のエンブロイダリーレースに、肩紐と共布で作った白のクルミボタンが映えます。

SUMMER
2
How to make P.63

真っ白なロールカラーの身頃(e)と、裾の切り替えが効いている直裁ちスカート(4)を合わせたワンピース。ネイビーのイカリ柄がマリンムードを高めます。

SUMMER
3
How to make P.66

ボレロのような身頃（f）に、直裁ちのスカート（5）を合わせたツーピース風ワンピース。ボーダーのラインは裾ので き上がりと、身頃の切り替えを意識して仕立てましょう。

AUTUMN
1
How to make P.69

丸衿と胸元のリボンが印象的な重ね着風の身頃(g)に、カフスつきの長袖(B-Ⅲ)とタックスカート(2)を合わせました。綾織りのカーキの布に同系色の細ストライプの布で、エレガントな女学生風に。

AUTUMN
2
How to make P.73

ボートネックがレトロな身頃（h）に、パフスリーブの五分袖（A-1）とリボンテープをあしらったギャザースカート（6）を合わせて。オックスのプリント布は縫いやすく、色柄も豊富です。

AUTUMN
3
How to make P.76

前ヨークのピンタックとスタンドカラーが
かわいい身頃（i）は、ダーツやサイドベ
ルトをつけることで立体的なシルエット
にしています。袖（A-Ⅲ）のカフスはす
っきりとした白布を使って。

WINTER
1
How to make P.79

ウエストヨークから伸びるドレープが美しい身頃（j）に、長袖（A-Ⅱ）と裾フリルつきのギャザースカート（3）を合わせました。ワインレッドの上品なベロアと白いレースで、特別な1着に。

WINTER
2
How to make P.82

丸衿つきのフロントタックの身頃(k)に長袖(A-Ⅲ)とタイトスカート(7)を合わせたクラシカルなワンピース。千鳥格子柄の薄手のウールに、綾織りの黒布でシックにまとめて。

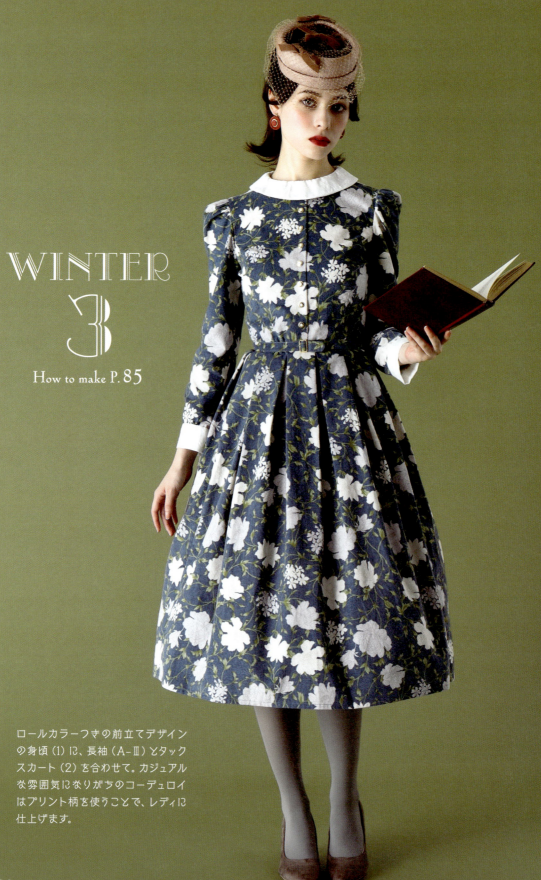

WINTER
3
How to make P.85

ロールカラーつきの前立てデザインの身頃（1）に、長袖（A-Ⅲ）とタックスカート（2）を合わせて。カジュアルな雰囲気になりがちのコーデュロイはプリント柄を使うことで、レディに仕上げます。

Instagramのフォロワーさんからいただいた、ソーイングについてのお悩みに回答しました。ご参考になれば嬉しいです。

Q1 型紙の収納方法は？

A1 クリアフォルダーに入れて！

写し終わった型紙はたたんで、クリアフォルダーに入れて収納しています。1つの作品に使う型紙はすべて同じページに入れ、右上に作品名を書いて何の型紙かわかるようにすると◯。同じ型紙を使う作品がある場合、共通パーツだけ別にまとめてもOK。

Q2 一番大きい紙に写そうと思って模造紙を用意したのですが、きれいに型紙が写せません！

A2 ハトロン紙を使って！

模造紙はちょっと紙が厚く、透けづらいので、手芸用のハトロン紙を使いましょう。また、型紙は複数のサイズが一緒になっているので、自分のサイズの線にだけ消えるマーカーなどで印をつけておくと写しやすくなります。消えるマーカーは、型紙にアイロン（低）をかけると消せます。

Q3 布地の選び方のポイントは？

A3 シワになりにくいポリエステル系がおすすめ！

素材はシワになりにくい、ポリエステル系やポリ混がおすすめです。無地の布を使うときは、織りの筋などのテクスチャーがあるタイプの布地を選ぶと自然に立体感が出て、のっぺりとした感じが出にくくなくなります。

Q4 「手作り感」「ほっこり感」を減らすには？

A4 色は寒色系や無彩色系、柄は大きめを選ぶ＆ジャストサイズで作って！

手作り感・ほっこり感を減らすには、布地の色を寒色や無彩色系などのクールな色味にしてみるのと、柄布を使うときは小さな柄よりも大きめの柄を選ぶのが有効です。また、ゆったりしたサイズやシルエットではなく、ジャストサイズで仕立てることを意識してみましょう。本書では型紙の補正方法(p.45)も紹介しています。

Q5 気に入った布があったらとりあえず何m買いますか？

A5 共布のワンピースなら4〜5m！

気に入った布があったら、共布のワンピースをSサイズで作る場合の用尺で考えることが多いです。だいたい布幅90cmのときは5mほど、布幅110cm以上のときは4mほど購入するようにしています。用尺は着丈や作りたいサイズ、作品によっても変わるのであくまで目安としてください。

Q6 服作りの色決め、配色の決め方は？

A6 好みの配色や使う柄布の中の色を参考に！

普段から自分が「好きだな」と思う配色を記憶しておいたり、柄布に無地の布を合わせるときは柄の中にある色を拾って使ったりするようにしています。それから素敵だなと思うのは、着て行きたい場所・そのシーンに合う色を想像して決めること。自分に似合う色柄か悩むときは、布を広げて体に当てて鏡で見てみてください。

Q7 ミシンの防音・防振対策は何がいい？

A7 防音シートを敷いて！

床に防音シートを敷き、その上にクッション性のある床用シート（クッションフロア）を重ねて敷くことで対策しています。またミシン台が壁に接していると、壁からも音が響くので注意。ミシンが振動で動いてしまう場合は、ミシンの下に耐震用ジェルシートなどを貼って動かないようにする方法があります。

Q8 カーブを縫うときのコツは？

A8 ステッチ定規を使うと◎

ミシンの押さえに「ステッチ定規」を取りつけて、布端をステッチ定規にあてながら縫うと、カーブも一定の縫い代を保ったまま縫うことができます。また、待ち針の間隔を通常よりも狭く打つようにしましょう。表に返す箇所は、縫った糸を切らないようにカーブの縫い代に切込みを入れるのもポイントです。

Q9 縫っていると上布と下布がズレます…

A9 目打ちやピンセットで送って！

ミシンには「送り歯」という仕組みがあるため、下布だけがどんどん送られていってしまうのがズレる原因だと思います。下布に合わせて一緒に布が送れるように、目打ちやピンセットなどで上布を押していってあげるとズレずに縫うことができます。

Q10 ここだけは絶対に丁寧にすべきプロセスは？

A10 裁断です！

途中途中で布にアイロンをかけたり、きちんと縫えているか都度確認したりと、すべての工程を丁寧にやることが大切です。ですが、布の裁断は間違えると取り返しがつかなくなるので、布の表・裏や上・下に間違いがないか、全部のパーツが配置できるか、合印をちゃんとつけているかなどに注意して行っています。

Design idea

この本では、袖やスカートの型紙を換えることで、
いろいろなデザインのワンピースが作れるようになっています！
イメージを膨らませながら、自由に組み合わせて作ってみてくださいね♪

Table of combination

			身頃 a SPRING 1	b SPRING 2	c SPRING 3	d SUMMER 1	e SUMMER 2	f SUMMER 3
袖A	I II III		◎ I	×	○	×	×	×
袖B	I II III		○	×	○	×	×	×
袖C			○	×	◎	×	×	×
スカート		α	◎	×	×	×	×	×
		1	× 身頃のウエストラインをAutumn2に合わせて短くすれば、1〜7のパーツも使用可	◎	○	○	○	○
		2		○	◎	○	○	○
		3		○	○	◎	○	○
		4		○	○	○	◎	○
		5		○	○	○	○	◎
		6		○	○	○	○	○
		7		○	○	○	○	○

34

袖Bは、袖Aよりも控えめなパフスリーブになっています。
袖B-Ⅰ(5分袖)、袖B1-Ⅱ(カフスなし長袖)は袖B-Ⅲの型紙に、袖A-Ⅰ、袖A-Ⅱの袖丈を写して作ってください。

◎ … 本書で制作した作品の組み合わせ
○ … 組み合わせOK
× … 組み合わせNG

			身頃					
			AUTUMN 1	AUTUMN 2	AUTUMN 3	WINTER 1	WINTER 2	WINTER 3
			g	h	i	j	k	l
袖A	Ⅰ Ⅱ Ⅲ		○	◎ Ⅰ	◎ Ⅲ	◎ Ⅱ	◎ Ⅲ	◎ Ⅲ
袖B	Ⅰ Ⅱ Ⅲ		◎ Ⅲ	○	○	○	○	○
袖C			○	○	○	○	○	○
スカート		α	×	×	×	×	×	×
		1	○	○		○	○	○
		2	◎	○		○	○	◎
		3	○	○	×	◎	○	○
		4	○	○		○	○	○
		5	○	○		○	○	○
		6	○	◎		○	○	○
		7	○	○		○	◎	○

35

Sewing tools

洋服を作り始める前に、
まず必要な道具を確認しましょう。
ソーイング専用の使いやすい道具を
そろえておいて。

A 準備に使う道具

（ウエイト、待ち針、手縫い針、カッター、シャープペンシル、チャコペン・消しペン、ノミ、ルレット・両面チャコペーパー、型紙用ハトロン紙、アイロン）

型紙の線や印をハトロン紙や布に写したり、切ったりして縫う準備をするために使う道具。カッターは型紙の線を写したハトロン紙を切るのに、ルレットは両面チャコペーパーと一緒に使ってダーツの印を布に写すのに、ノミは「ノッチ」という合印をつけるのに使います。アイロンはしっかり重さがあるものが○。

B 糸切りばさみ、リッパー

しつけ糸やミシン糸、手縫い糸など「糸」を切るときに使う道具。リッパーは縫い損じた糸をほどいたり、ボタンホール（本書では扱いません）の穴をあけたりするときに。

C 縫うときに使う道具

（ミシン、ミシン針、押さえ、目打ち、ピンセット）

本書では、職業用ミシンとロックミシンを使っています。ほとんどの作品は、普通地（透けないぐらいの厚さの布）で仕立てているので、縫い針は11号、糸は#60を用意すれば大丈夫です。最低限、通常の押さえとコンシールファスナー押さえがあれば作れますが、用途に合った押さえがあると便利。

＊家庭用ミシンだけで作る場合は、布端の処理をジグザグミシンや裁ち目かがり専用押さえなどで行いましょう。

コンシールファスナー押さえ
段つき押さえ（左・右）
ステッチガイド
通常押さえ
極細押さえ

D 裁ちばさみ、カッターマット・ロッタリーカッター

布を切るときの道具です。裁ちばさみで布を切るとゆがんでしまう人は、ロータリーカッターがおすすめ。カッター定規と合わせて使うと、布の上に置いた型紙の線を正確に切ることができます。

E ループ返し

背あきの衿ぐりにつける「ループ」などの、中表の細い筒状に縫ったパーツを表に返すときに使う道具です。本書ではリボン飾りを作るときに使用。

F 穴あけポンチ、ほつれ止め液

ベルト作りに使います。ベルト布にポンチで直径2～3mmの穴をあけ、穴の周りにほつれ止め液を塗ります。液が完全に乾いた後でバックル金具を取りつけます。

G メジャー、カッター定規、方眼定規

自分のヌード寸法の採寸や丈の確認、型紙や布を切ったり、長さを測ったりするときに使います。印つけに使う定規は透明なものだと使いやすいです。

Basic techniques

洋服を作るときに知っておきたい、
基本知識をまとめました。
1つずつ確認しながら、丁寧に行いましょう。

型紙の見方

型紙には洋服作りに重要な情報が詰まっています。型紙を写すときは線の中に含まれている記号や印もきちんと写し、その記号の意味にしたがって布を裁断、縫い合わせます。

型紙によって、記号や印の形が異なる場合もあるので、注意して確認しましょう。

実物大型紙の多くは、右のように複数の作品のサイズ別のパーツが配置されています。線が込み合っているので、作りたい作品の自分のサイズのパーツに、消えるマーカーで印をつけてから、ハトロン紙に型紙を写すと漏れがなくなります。

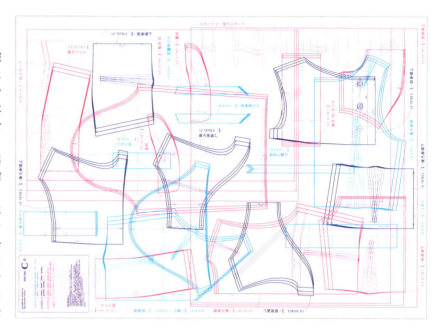

型紙で使われる記号について

記号	名称	説明
	布目線	布目、地の目を示す線。型紙の向きを示すことも。
	でき上がり線	作品のでき上がりの位置を示す線。この線の外側に縫い代をつける。
	布の「わ」で裁つ位置	布を折って「わ」にした位置に、型紙を合わせる線。
─・─・─	見返し線	見返しの位置を示す線。見返しの型紙にもなる。
	合印、縫い止まり位置、あき止まり位置	2枚の布を縫い合わせるときに、この位置を合わせるという目印。縫い止まりやファスナー止まりなどの位置を示すときも。
─ ─ ─ ─	折り山線	布を折る位置を示す線。
	ボタンつけ位置	十字の真ん中に、ボタンの中心がくるように縫いつける。左右の長さはボタンホールの大きさを示す。
	ダーツ	体のラインに沿わせるために、布をつまむ部分を示す。
	タック	布の一部を折りたたむ印。布の表側から、高いほうの線が低いほうの線の上に重なるようにたたむ。折り目をしっかりつけてたたむものを「プリーツ」という。
	突き合わせ	2つのタックを作り、中央で合わせる印。
	ギャザー	波線が示す幅の縫い代に粗くミシンをかけ、縫い糸を引いて布に細かいひだを作る印。ウエストや袖に多く使われる。
	接着芯を貼るパーツ	布地の裏側に接着芯を貼るところ。
CF	前中心	前身頃の中心線。
CB	後ろ中心	後ろ身頃の中心線。
NP	ネックポイント	衿ぐりの点。肩線と合わせる。
BL	バストライン	乳房の一番高い位置。
WL	ウエストライン	胴体の一番細い位置。
HL	ヒップライン	臀部の一番膨らんでいる位置。

布目線

布の縦地（タテ糸）に合わせる記号。

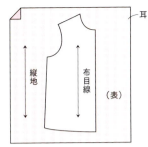

基本の置き方

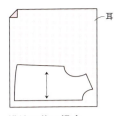

横地に裁つ場合
布目線を縦地に合わせ、型紙の上下を横地（ヨコ糸）に合わせて裁つ。

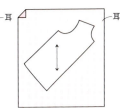

バイアスに裁つ場合
布目線が縦地に合うよう、布に対して型紙を斜めに置いて裁つ。

わ

1枚の布を折りたたんでできる輪と、型紙の記号の「わ」の位置を合わせること。おもに身頃や衿、前スカートなどの左右対称のパーツに使われる。

型紙の布目線と縦地が合うようにし、折りたたんだ布の輪と型紙の「わ」の位置を合わせる。

「わ」で裁断したパーツ。「わ」を中心に、左右対称のパーツができる。厚地の場合は、「わ」で1枚に広げた型紙を作るとよい。

見返し線

見返しは、衿ぐりや袖ぐりなどのヨレやすい部分を補強するために使う布のこと。型紙は見返し単体で用意されている場合と、身頃の中にある場合がある。

縫い合わせるパーツの中に、見返しが組み込まれている場合の型紙。

見返し部分のみの場合の型紙。

合印

パーツを合わせる位置を示す印。合印は○や△などの記号が使われ、同じ記号同士で合わせる。

2つのパーツを合印の位置で合わせる
同じ印を合わせて縫う

ダーツ

パーツを立体的にするために、布地をつまんで作るふくらみのこと。胸や脇、ウエスト、ヒップなどに入る。

ダーツの線を中表に合わせ、線の上を縫う。先端部分は布のキワに沿って3針ほど縫い、糸端を結んで0.5cmほど残して切る。

表から見たところ。

タック、プリーツ

布地を折りたたんでひだを作ること。折り線を裾まで入れると、プリーツになる。

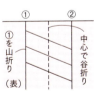

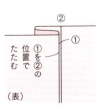

タックは斜線の下がる方向に向かって折りたたむ。

突き合わせ

両側からタックをたたみ、折り山同士が中央で接するようにする印。

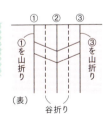

タックは斜線の下がる方向に向かって折りたたむ。

②の位置で、①と③の折り山を合わせる。

布地について

布地を見るときに使う用語を紹介します。

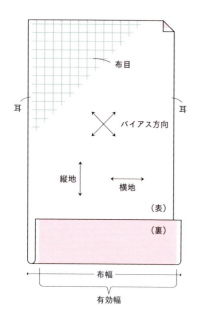

布目	布地のタテ糸とヨコ糸の織り目のこと。格子状が基本だが、織り方によって「ノの字（綾織り）」などもある。
縦地	布地のタテ糸の方向のこと。縦地は伸びにくい性質があり、型紙の布目線を縦地に合わせて裁断すると型崩れしにくくなる。
縦地	布地のヨコ糸の方向のこと。
バイアス	布の織り目に対して斜めの方向。布が伸びやすい方向で、衿ぐりの始末などに使うパーツをバイアスで裁つことが多い。
耳	縦地と平行する布の両端のこと。ほつれないように処理されている。
布幅	布の耳から耳までの幅のこと。横地の長さ＝布幅。
有効幅	プリントや刺繍などの加工がある布地で、加工が施されている部分の布幅のこと。
表・裏	布の仕上げが施された面、プリントが印刷された面などが布の表。たいていの作品は布の表が表面になるように作る。

布の表・裏の見方

無地の布などで表・裏がわからなくなったら、布の耳や織り目を見てみましょう。縫い始める前に、パーツの表側にマスキングテープなどを貼っておくのも○。

耳の穴で見分ける
布の耳に穴が開いている場合、穴が突き出ているほうが「表」の場合が多い。

耳に文字や色がある
耳に文字や布の使用色（色調子）がある場合、文字が読み取れるほうが「表」。

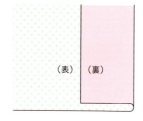

柄がはっきりしている
プリント柄などの場合、柄がはっきりしているほうが「表」。織り目に特徴がある布の場合、織り目の方向でも確認できる。

布の下準備

❶布地の素材を確認し、必要に応じて「水通し」をする。
❷布地の裏側からドライアイロンをかけ、布目を整える。アイロンをかけるときは布に対して直角に動かす。
❸「布目を通す」ために布地の裁ち端に切り込みを入れ、ヨコ糸を耳から耳まで1本引き抜く。
❹できた隙間で布地を切りそろえて、布端をまっすぐにする。
❺布地がゆがんでいる場合は、角を軽く引っ張って布目を整え、アイロンをかける。

布地は布目を整える「地直し」をしてから使いましょう。綿や麻などの天然素材の布地は「水通し」も必要ですが、本書で使っている化学繊維の布地は裏からドライアイロンをかけるくらいで大丈夫です。

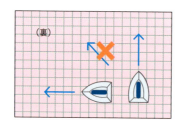

針と糸の選び方

針と糸は、使用する布地に合ったものを選びましょう。

布の種類	薄地	普通地	厚地
	・ローン ・ボイル など	・オックス ・プリント布 ・ウール など	・キルティング ・デニム ・厚地ウール など
糸の番手	#90	#60 (#50)	#30 (#20)
針の太さ	9号	11号	14号

接着芯について

接着芯とは、布の片面に接着剤がついている芯材のことです。
洋服の型崩れを防いだり、布地にハリをつけたりするために使います。

本書の洋服作りには、薄地タイプの接着芯を使っています。接着芯は、布地の裏側にざらざらしている面を合わせ、当て布をしながら中温のスチームアイロンを押し当てて貼りつけます。当て布にはクッキングシートが便利です。

織り地タイプ
素材、厚さ、色数などの種類も豊富。布地の布目と方向を合わせて使う。

ニット地タイプ
編み地素材で伸縮性があり、柔らかな質感の接着芯。布目を合わせて使う。

伸び止めテープ
テープ状の接着芯。衿ぐりや袖ぐり、ポケット口、ファスナーあきの縫い代などに使う。

裁ち合わせ図について

裁ち合わせ図は、型紙を布地に置いてパーツを裁断する配置の目安と、必要な布地の使用量(用尺)を示すもの。布地の方向性や布幅、作る作品のサイズによって、配置のしかたは変わるため、必ず守る必要はありません。

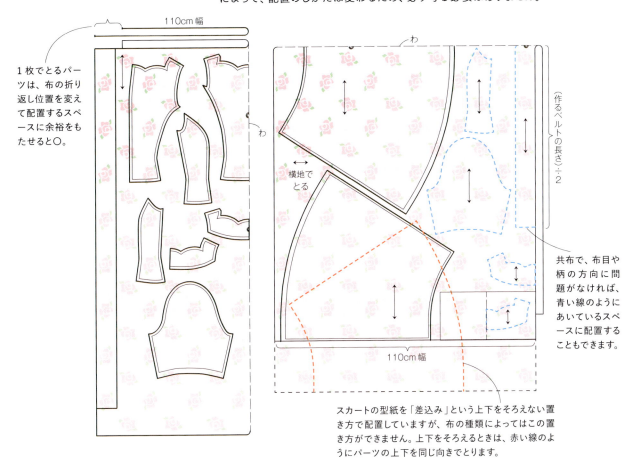

1枚でとるパーツは、布の折り返し位置を変えて配置するスペースに余裕をもたせると◯。

共布で、布目や柄の方向に問題がなければ、青い線のようにあいているスペースに配置することもできます。

スカートの型紙を「差込み」という上下をそろえない置き方で配置していますが、布の種類によってはこの置き方ができません。上下をそろえるときは、赤い線のようにパーツの上下を同じ向きでとります。

縫い代について

本書の作品は、袖や裾の縫い代は2cm、ほかのほとんどの部分は1cmで縫い合わせて割っています。使用する布地や布端の処理のしかたによって、縫いやすい幅に変更しても問題ありません。

縫いやすい縫い代幅の目安	綿・麻・化繊	ウール・厚地
ほとんどのパーツ	1cm	1.5cm
肩・脇・袖下	片倒し／1〜1.2cm 割る／1.2〜1.5cm	片倒し／1.5cm 割る／2cm
裾	二つ折り／2cm 三つ折り／3cm	二つ折り／2cm 三つ折り／3〜5cm

布地を裁つときのポイント

布地を裁つときは、大きなパーツの型紙から置いて、あいたところに小さなパーツを置いていくのが基本です。

❶縫い代つき型紙を作る
ハトロン紙のざらざらしている面に型紙の仕上がり線を写し、裁ち合わせ図指定の縫い代（布地の種類や裁ち端の処理方法に合わせて変更可）をつけて「縫い代つきの型紙」を作る。

❷布地に❶の型紙を置く
「わ」でとる一番大きな型紙に合わせて、布地の輪を作って外表にたたむ。布目線と合わせて一番大きいパーツの型紙を置く。

❸布地を裁つ・印つけ
引いた縫い代の線の上を、裁ちばさみかロータリーカッターで切って、布地を裁断する。型紙の印に合わせて印つけをする。

柄合わせのポイント

大きなパーツから布地を算段する理由のひとつに、「柄合わせ」があります。柄合わせとは、でき上がりや縫い合わせたときに、柄がきれいにつながったり配置されること。布を裁つ前に、配置してでき上がりを確認しましょう

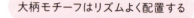
大柄モチーフはリズムよく配置する

ストライプやチェックは、縦の柄の中心を「わ」に合わせる

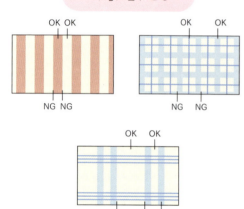

衿ぐりにメインの柄を配置、次にウエストのつながりを見る

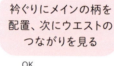

脇線の縫い目や前立ての合わせで柄がつながるように

身頃の縦のラインで柄がリピートするように

印つけのポイント

印つけは、布地を縫うときの目印をつけるために行います。印をつける場所は「わ」の中心、合印、ボタンつけ位置などがあります。

合印のつけ方

ノッチ ノミや裁ちばさみで、縫い代幅の1/3ほどの切り込みを入れる方法。

チャコペン 布地の縫い代に直接書く方法。2枚一緒につける場合は、目打ちで合印を刺して布をめくって内側につける。

両面チャコペーパー ダーツの印つけに使う。両面チャコペーパーを布地（裏）の間にはさみ、表からルレットで型紙の線をなぞって写す。

中心の印のつけ方

①中心で布を「わ」にし、先端に0.2cmほどの切り込みを入れる。

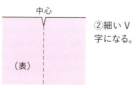

②細いV字になる。

ボタンつけ位置の印のつけ方

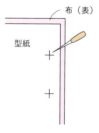

型紙を置いた布地の表側に、目打ちでボタンつけ位置に穴をあける（ウールなどは縫いじつけもOK）。

待ち針の打ち方

必要最低限の待ち針で、布地をしっかり留めておくと正しく、安全に縫い合わせることができます。

①まず合印を待ち針で留める。布端の外側から縫い線上に針が通るよう、縫い線部分を2枚一緒に0.3cmほどすくい、縫い線に対して垂直に打つ。
②縫い線の両端を待ち針で留める。合印と縫い線の中間を目安に、待ち針を打つ。
③ミシンで縫いながら、待ち針の手前まで縫ったら待ち針を抜いて縫い進める。

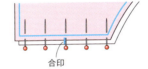
合印

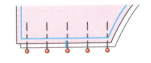

薄い布・粗い布は2回すくう

＊薄地や織りの粗い布地は、縫い線をすくった後、もう1回すくうと安定する。

糸調子（縫い目）のチェック

作品を縫う前に、使う布のハギレを使ってミシンの糸調子を確認しましょう。糸調子とは、上糸と下糸の強弱のバランスのこと。このバランスが均等になっていないと、縫い目がヨレたり、ステッチが乱れたり…。直線縫いとジグザグ縫いの両方の糸調子を見ます。

赤糸＝上糸／水色＝下糸、左＝直線縫い／右＝ジグザグ縫い

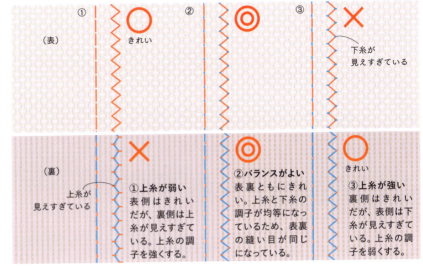

(表) ① きれい ② きれい ③ ✕ 下糸が見えすぎている

(裏) ✕ 上糸が見えすぎている ◎ ○ きれい

①上糸が弱い
表側はきれいだが、裏側は上糸が見えすぎている。上糸の調子を強くする。

②バランスがよい
表裏ともにきれい。上糸と下糸の調子が均等になっているため、表裏の縫い目が同じになっている。

③上糸が強い
裏側はきれいだが、表側は下糸が見えすぎている。上糸の調子を弱くする。

縫い方の基本

仮留めや筒状のものを縫うとき以外は、縫い始めと縫い終わりに「返し縫い」を数回繰り返します。

縫い始めと縫い終わりは「返し縫い」

①布端から1cmほどあけて、針を下ろす。

②「返し縫い」ボタンを押し、布端まで縫い戻る。

③「返し縫い」ボタンを離し、直線縫いする。2回ほど繰り返し、直線縫いで縫い進める。

④反対側の布端まで直線縫いしたところ。

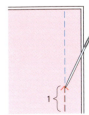
⑤「返し縫い」ボタンを押し、1cmほど縫い戻る。ボタンを離し、布端まで直線縫いする。

筒や輪になるパーツは「重ね縫い」

返し縫いなしで、縫い始める2～3cm、縫い始めの線に重ねて縫う

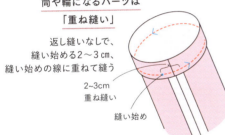
2～3cm 重ね縫い
縫い始め

角を縫うとき、中断するときは

針を布地に刺したまま、押さえだけ上げます。針を上げて布を動かすと、縫い線がズレたり、糸がたるんだりしてしまうので注意。
①角まで縫ったら、針が布に下りているか確認し、押さえを上げる。
②針を軸にして布の方向を変え、押さえを下ろして縫い進める。

裁ち端の始末

布端がほつれないように、ロックミシンやジグザグミシンで布端を始末します。ジグザグミシンで1枚の布の裁ち端を処理する場合は、縫い代を0.5cm増やし、布端の少し内側をジグザグ縫いしてから、0.5cm布端だけをカットします。ジグザグミシンで裁ち端を直接処理する場合は「裁ち目かがり専用押さえ（＊多くは別売り）」を使います。

43

縫い代の始末

2枚の布を縫い合わせたときの縫い代には、必ずアイロンをかけます。
本書ではほとんどの縫い代は割って始末しています。

縫い代を割る

縫い代のラインを均等にしたいときや、厚みのある布地の始末に使われる方法。縫い合わせた縫い代を左右に開き、アイロンをかけて両側に倒す。

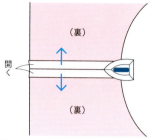

縫い代を倒す

服のラインに立体感をもたせたいときや、薄い布地の始末に使われる方法。でき上がり線で2枚の縫い代をまとめて片側に倒し、アイロンで押さえる。

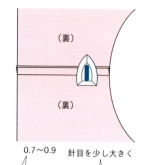

ギャザーの寄せ方

糸端を10cmほど長くした粗ミシン（1針の長さを0.3〜0.4cmにする）を2本かける。粗ミシンの上糸2本だけを引いて、縫いつけるパーツとの寸法が合うまで、左右それぞれから布を縮めていく。ギャザーを寄せた縫い代にアイロンをかける。

袖山にギャザーを寄せる

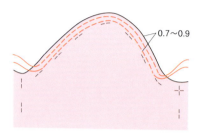

型紙の「波線」の範囲の縫い代にギャザーを寄せる

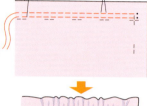

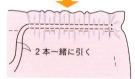

2本一緒に引く

コンシールファスナーの縫いつけ方

ファスナーを閉じたときに縫い目と同じようになる「コンシールファスナー」を使うと、既製服のような仕上がりに。

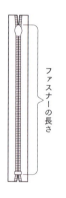

ファスナーの長さ

粗ミシン／（裏）／あき止まり

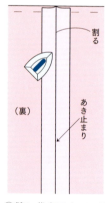

割る／（裏）／あき止まり

①本書のコンシールファスナーは、すべて70cmのものを使用。

②後ろ中心を中表に合わせ、あき止まりまで粗ミシン（針目0.3〜0.4cm長さ）で縫う。粗ミシンの下から裾までは通常の針目で縫う。

③縫い代をアイロンで割る。

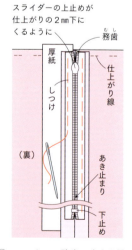

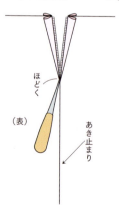

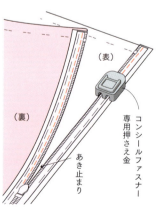

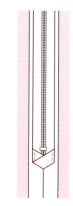

④ファスナーの務歯の中心と縫い線を中表に合わせ、ファスナーテープを縫い代だけにしつけ縫いする。

⑤粗ミシンの縫い糸を、目打ちでほどく。

⑥スライダーを下止めまで下げる。ミシンの押さえをコンシールファスナー押さえに変え、ファスナーの務歯を押さえのくぼみにはめて、あき止まりまで縫う。反対側も同様に。

⑦下止め金具をあき止まりまでスライドし、平ペンチでしめる。余分な務歯部分をカットし、テープを交差して両端を後ろ中心の縫い代に縫い留める。

型紙の補正のしかた

本書の実物大型紙はS・M・Lの3サイズ展開です。多様なボディサイズの方にも楽しんでいただけるよう、複雑なパーツについて型紙の補正のしかたをまとめました。
基準サイズとの差が一番大きい部分を調整する簡単な方法なので、まずはシーチングなどで仮縫いをしてサイズ確認をしてから、本番の布地で仕立てることをおすすめします。

A 身頃の幅の出し方

＊増やした寸法に対応するパーツ（衿、ヨーク、袖、スカート）も合わせて調整する必要があります。衿の補正は複雑なので、衿がある作品の衿ぐり線はいじらないほうがよいでしょう。

＊バストに合わせるとウエストが大きすぎるなどの場合は、ウエストダーツを大きくするなどの工夫をしてみてください。

パネルラインがある身頃の場合

ベースとなる型紙と自分のサイズの一番大きい部分の差（a）を12等分して足し、縫い代をつけて裁つ

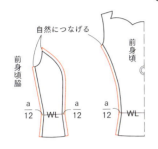

例：ウエスト80cmの場合、Lサイズ（W68）の型紙との差、12cmを12等分した「1cm」を足す。

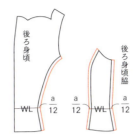

ダーツがある身頃の場合

ベースとなる型紙と自分のサイズの一番大きい部分の差（a）を4等分して足し、縫い代をつけて裁つ

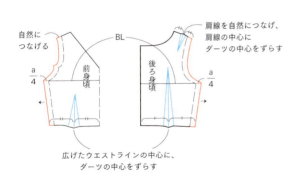

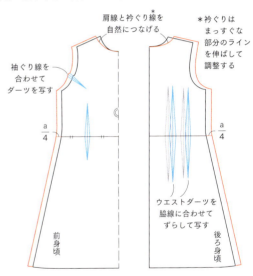

ピンタックがある身頃の場合

身頃脇に、ベースとなる型紙と自分のサイズの一番大きい部分の差（a）を4等分して足し、縫い代をつけて裁つ。後ろ身頃は上の例を参考に。

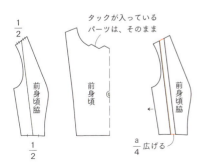

袖の場合

ベースとなる型紙と自分のサイズの一番大きい部分の差（a）を4等分して足し、縫い代をつけて裁つ

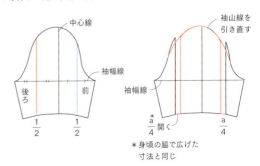

45

B スカート幅の出し方

スカートαの場合
ウエストラインが自分のウエスト×2.5の4等分になるように開き、縫い代をつけて裁つ

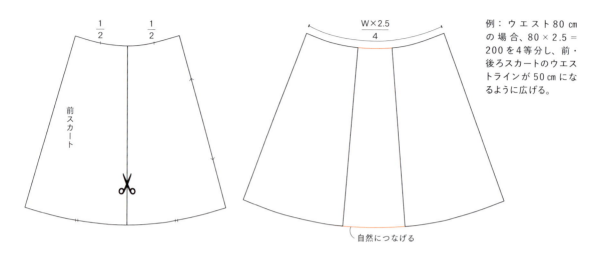

例：ウエスト80cmの場合、80×2.5 = 200を4等分し、前・後ろスカートのウエストラインが50cmになるように広げる。

ギャザースカート1、3〜6の場合
ウエストラインが自分のウエスト×3になるようにし、縫い代をつけて裁つ

*スカート3の場合、裾を上のスカートαの手順で広げる

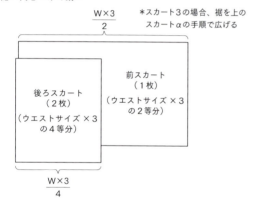

スカート2の場合
ウエストラインが自分のウエスト×約3になるようにし、縫い代をつけて裁つ

①ひだ山1個の幅を自分のウエスト÷11 = X cmに広げる
②前スカートのウエストラインを、X×14にする
③後ろスカートのウエストラインを、X×9.5にする(2枚)

スカート7の場合
ウエストラインが自分のウエストサイズの2等分になるようにし、縫い代をつけて裁つ

後ろ中心側にタック位置の始まりをずらし、追加する

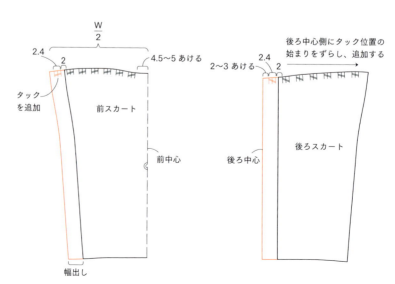

How to make

作り方の表記について

- 特に指定のない数字の単位は㎝です。
- 本書の実物大型紙には縫い代が含まれていません。「裁ち合わせ図」の縫い代寸法を参考に、型紙をハトロン紙などに写す際に縫い代つきの型紙を作るか、布地を裁つ際に縫い代寸法をつけて印つけを行いましょう。
- 実物大型紙がないパーツは、布地に直接線を引いて裁つ（直裁ち）パーツです。「裁ち合わせ図」に記載されている寸法（縫い代込み）で、布地を裁ちます。
- 材料表の用尺は、目安です。実際に使用する布地の幅や布目の方向性・柄合わせの有無によって変わるので、余裕をもって用意しましょう。
- 本書の「裁ち合わせ図」は、Sサイズの型紙の配置例です。ご自身のサイズや型紙の補正を行った場合、また使用する布地の幅によって、効率のよい配置のしかたも変わります。すべてのパーツが入ることを確認してから裁断しましょう。
- 布端の始末で「ロックミシン（ロック始末）」と記載している場合は、「ジグザグミシン」「裁ち目かがり」でも問題ありません。
- 「ステッチ」とは布地の表側から縫うことをいいます。
- 袖口やスカート裾の始末は、三つ折り+ステッチでもOKです。
- 落としミシンとは、布のはぎ目に入れるステッチのことです。

サイズの表記について

- 本書の作品は、S・M・Lの3サイズ展開です。右記のヌード寸法と各作品の仕上がりサイズを目安に、ご自分に合うサイズを選んでください。寸法の調整が必要な場合は、p.45-46の「型紙の補正のしかた」を参考に型紙を作ってみてください。
- 各作品の仕上がりサイズは、それぞれの作り方ページに左からS／M／Lの順で記載しています。
- 「着丈」は衿ぐりから裾まで、「袖丈」は袖山から袖口までを記載しています。着丈は着用モデルの身長を参考に、お好みで調整してください。

ヌード寸法表　　　　身長～158～

	S	M	L
バスト	80	84	88
ウエスト	60	64	70
ヒップ	86	90	94

モデル：sofia（ブロンド）…158㎝
モデル：eve（ブルネット）…161㎝
＊作品の写真はパニエを着用して、スカートにボリュームを出しています。

SPRING 1

Photo P.06

● 仕上がりサイズ（左から S/M/L サイズ）
着丈 … 104.5/105.5/106.5cm
バスト … 80/84/88cm
ウエスト … 60/64/68cm
袖丈 … 31.5/32/32.5cm

● 材料
布A/ 綿ポリ（細ストライプ・ブルー）… 110cm幅× 150/150/160cm
布B/ 綿ポリ（花柄・ブルー）… 110cm幅× 270/280/285cm
接着芯（薄手・白）… 縦30 ×横70cm
コンシールファスナー（70cm・白）… 1本

● 裁ち合わせ図

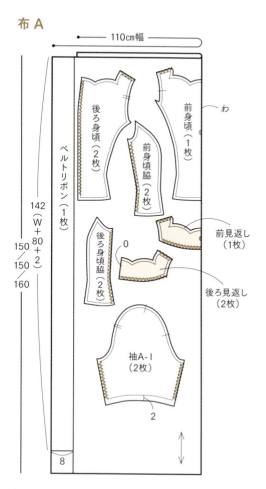

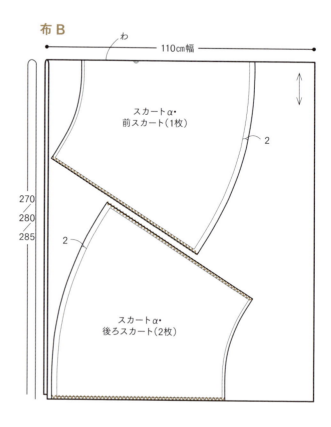

指定以外の縫い代は1cm　　=接着芯を貼る　　=ロックミシン（もしくはジグザグミシン）をかける

1 身頃のパネルを縫う

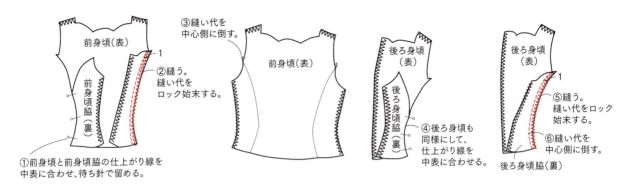

2 肩と脇を縫う

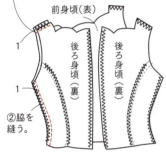

3 衿ぐりを縫う

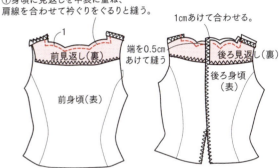

4 袖を作り、身頃に縫いつける

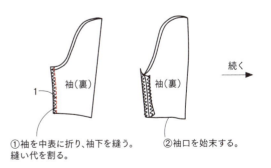

続く

袖口の始末のしかた

A ロックミシン ＋まつり縫い

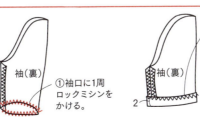

49

袖口の始末のしかた

B 三つ折り＋ステッチ（三つ折り仕上げ）

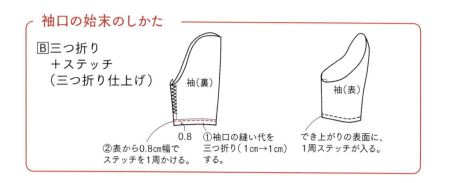
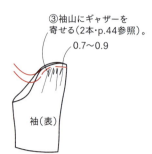

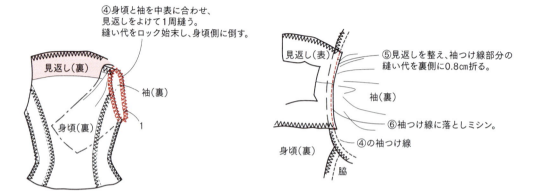

5 スカートを作り、身頃に縫いつける

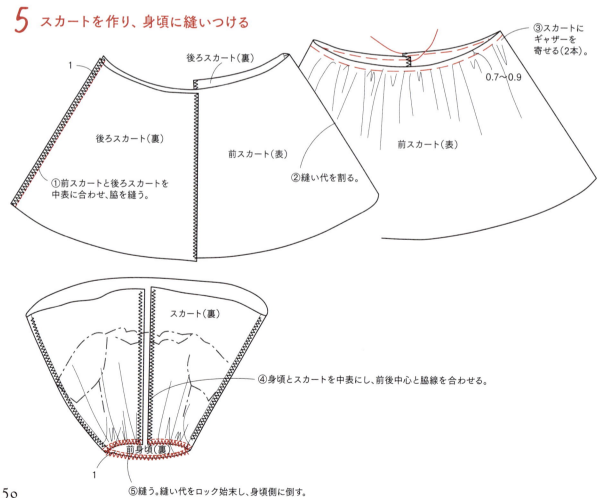

6 後ろ中心を縫い、コンシールファスナーを縫いつける（p.44 参照）

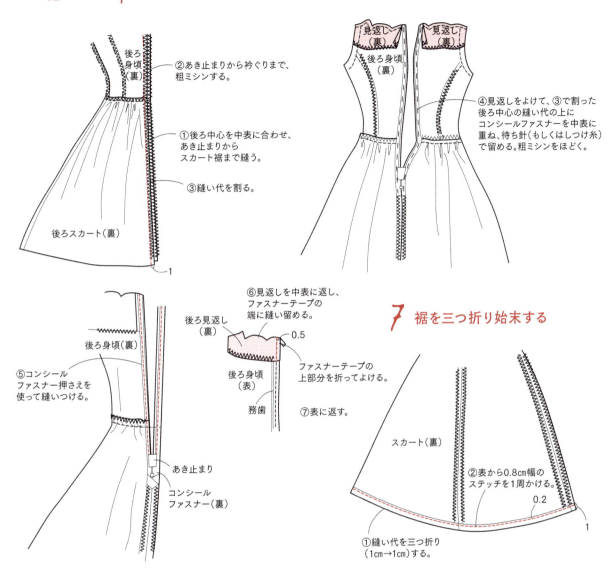

7 裾を三つ折り始末する

8 ベルトリボンを作る

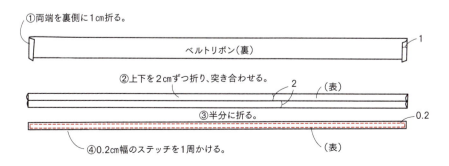

Photo P.08

● 仕上がりサイズ（左からS/M/Lサイズ）

着丈 … 102/103/104 cm
バスト … 80/84/88 cm
ウエスト … 60/64/68 cm

● 材料

ポリエステル（無地・濃ピンク）… 108 cm幅 × 250/330/330 cm
接着芯（薄手・白）… 縦60 × 横60 cm
コンシールファスナー（70 cm・ピンク）… 1本
バックル金具 … 1個

● 裁ち合わせ図

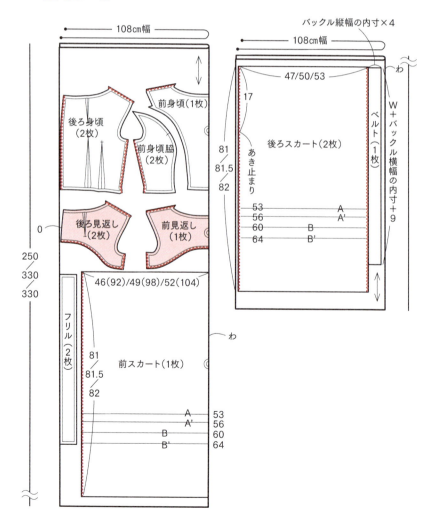

指定以外の縫い代は1cm 　　=接着芯を貼る　　=ロックミシン（もしくはジグザグミシン）をかける

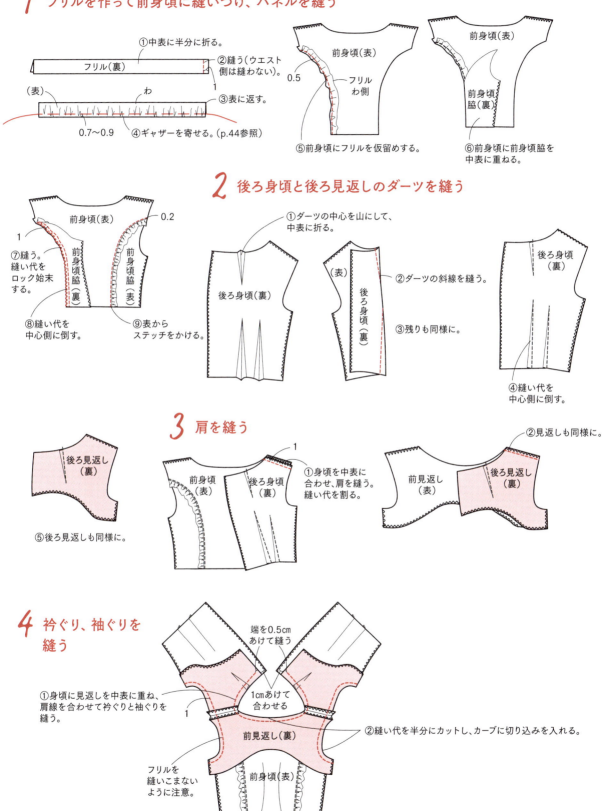

5 脇を縫う

6 スカートを作り、身頃に縫いつける

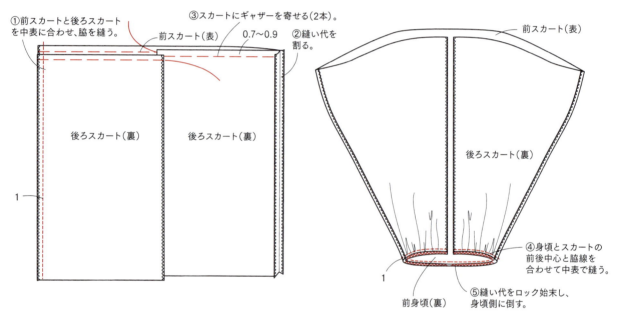

7 後ろ中心を縫い、コンシールファスナーを縫いつける
（SPRING 1・p.51の6参照）

8 スカート裾にタックを作る

9 スカート裾を1cm→1cmの三つ折りにし、表から0.8cm幅のステッチをかける

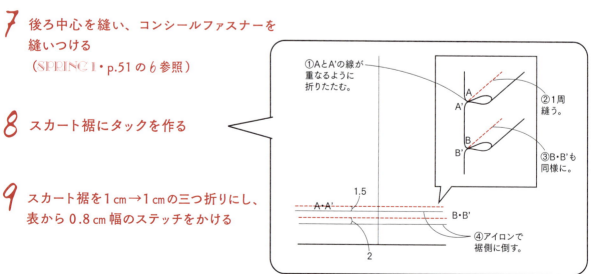

10 ベルトを作る

使用するバックルの金具と自分のウエスト（W）寸法に合わせて、ベルトの幅と長さを決める。

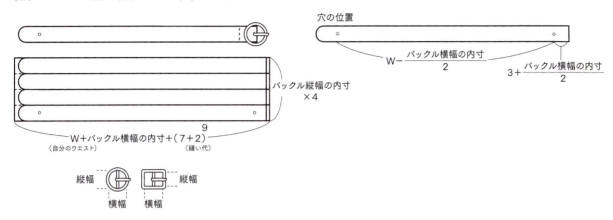

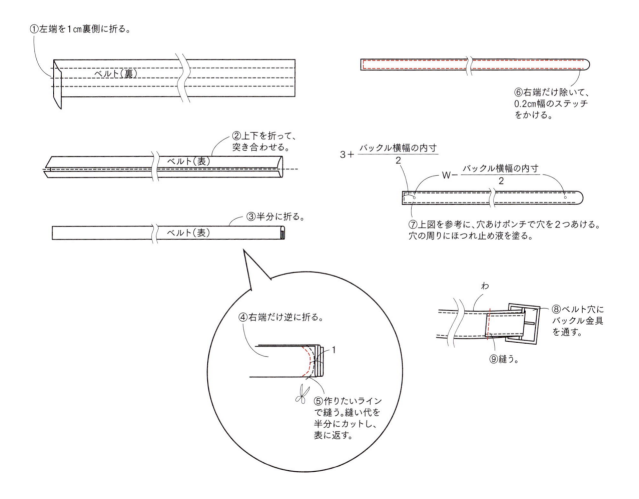

SPRING 3

Photo P.10

● **仕上がりサイズ**（左からS/M/Lサイズ）

着丈 … 102/103/104㎝
バスト … 80/84/88㎝
ウエスト … 60/64/68㎝
袖丈 … 19.3/19.7/20.3㎝

● **材料**

布A/ ポリエステル（チューリップ柄・ピンク×水色）
… 110㎝幅× 220/270/290㎝
布B/ ポリエステル（細ストライプ・ピンク）… 110㎝幅× 80/85/90㎝
コンシールファスナー（70㎝・白）… 1本
バックル金具 … 1個
スプリングホック … 1組

● **裁ち合わせ図**

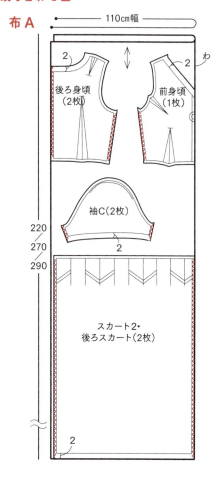
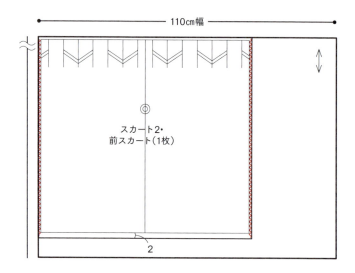
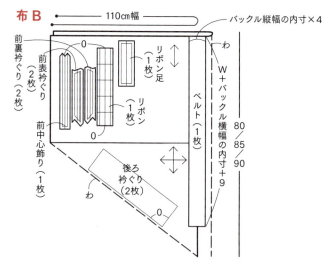

指定以外の縫い代は1㎝　　〰〰〰＝ロックミシン（もしくはジグザグミシン）をかける

1 前身頃に前飾り布を縫いつける

2 身頃のダーツを縫う

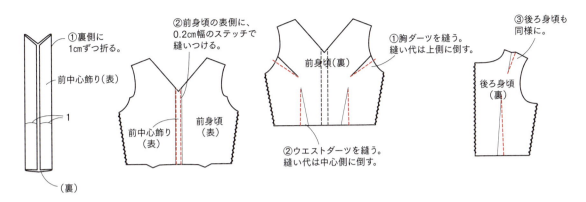

3 前身頃に前衿ぐり布を縫いつける

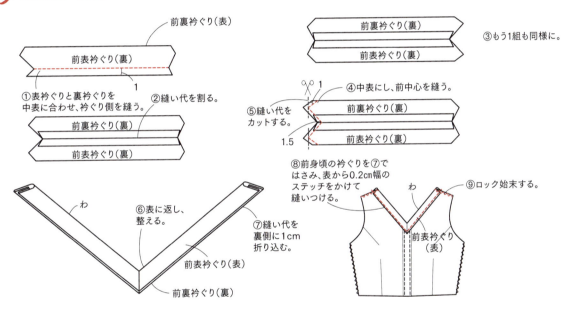

4 身頃の脇を縫う

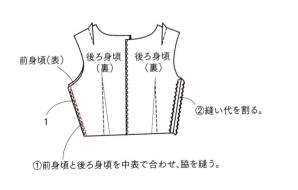

5 スカートを作り、身頃に縫いつける

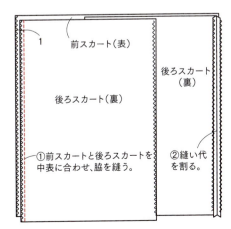

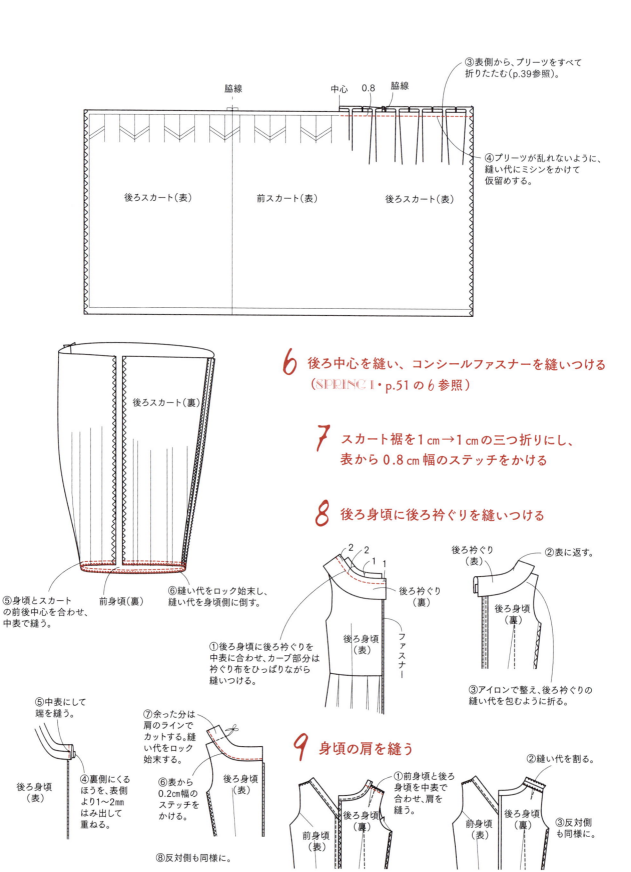

6 後ろ中心を縫い、コンシールファスナーを縫いつける
（SPRING 1・p.51の6参照）

7 スカート裾を1cm→1cmの三つ折りにし、表から0.8cm幅のステッチをかける

8 後ろ身頃に後ろ衿ぐりを縫いつける

9 身頃の肩を縫う

10 袖を作り、身頃に縫いつける（SPRING 1・p.49-50 の 4 参照）

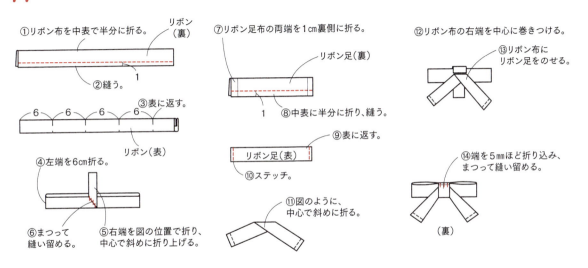

11 リボンを作り、前身頃に縫いつける

12 ホックを縫いつける

13 ベルトを作る（SPRING 2・p.55 の 10 参照）

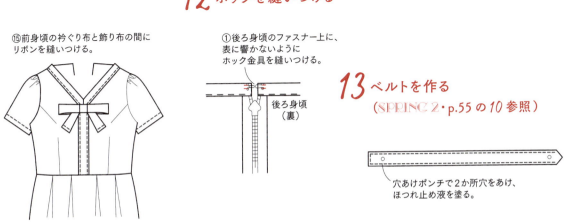

SUMMER 1

Photo P.12

● 仕上がりサイズ（左からS/M/Lサイズ）
着丈 … 102/103/104cm
バスト … 80/84/88cm
ウエスト … 60/64/68cm

● 材料
布A/ 綿（刺繍・赤）… 108cm幅×290/330/340cm
布B/ 綿（無地・白）… 縦40×横60cm
接着芯（薄手・白）… 縦20×横45cm
コンシールファスナー（70cm・赤）… 1本
くるみボタンキット（直径1.2cm）… 5個

● 裁ち合わせ図

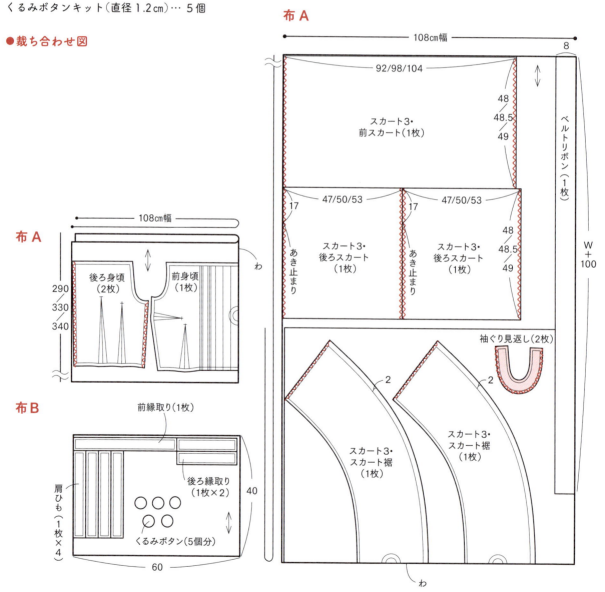

指定以外の縫い代は1cm　　=接着芯を貼る　　=ロックミシン（もしくはジグザグミシン）をかける

1 前身頃のピンタックを縫う

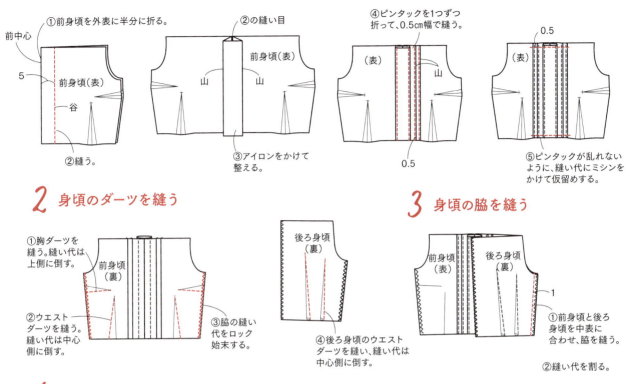

2 身頃のダーツを縫う

3 身頃の脇を縫う

4 スカートを作り、身頃に縫いつける

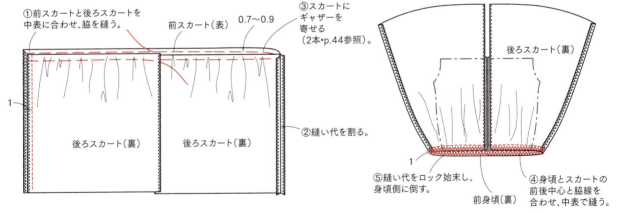

5 後ろ中心を縫い、コンシールファスナーを縫いつける
（SPRING 1・p.51の6 参照）

6 スカート裾を作り、スカートに縫いつける

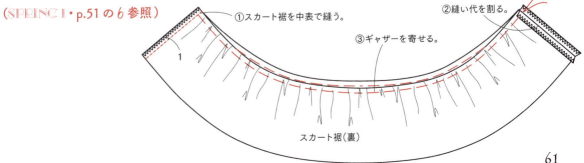

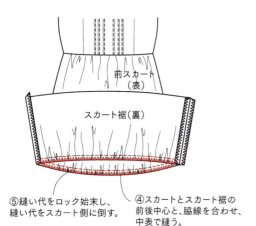

7 スカート裾を1cm→1cmの三つ折りにし、表から0.8cm幅のステッチをかける

8 身頃に袖ぐり見返しを縫いつける

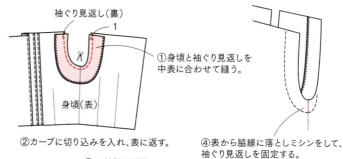

9 身頃に縁取り布を縫いつける

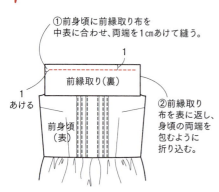
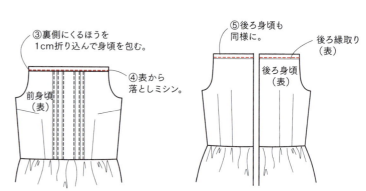

10 肩ひもを作り、縫いつける

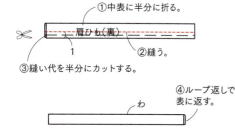

11 くるみボタンを作り、前身頃に縫いつける

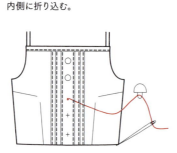

12 ベルトリボンを作る
(SPRING 1・p.51の8参照)

SUMMER 2

Photo P.14

● **仕上がりサイズ**（左からS/M/Lサイズ）

着丈…104/105/106cm
バスト…80/84/88cm
ウエスト…60/64/68cm

● **材料**

布A/ ポリエステル（イカリ柄・紺）…108cm幅×250/260/270cm
布B/ 綿ポリ（無地・白）…108cm幅×80cm
接着芯（薄手・白）…縦50×横90cm
コンシールファスナー（70cm・紺）…1本
バックル金具…1個

● **裁ち合わせ図**

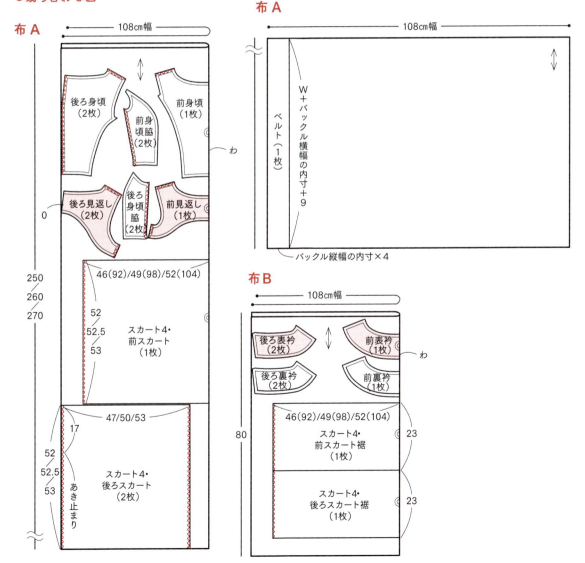

指定以外の縫い代は1cm　　=接着芯を貼る　　=ロックミシン（もしくはジグザグミシン）をかける

1 身頃のパネルを縫う

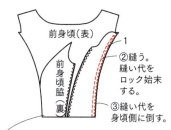
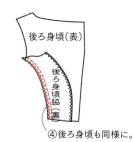

2 肩を縫う

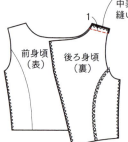

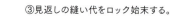
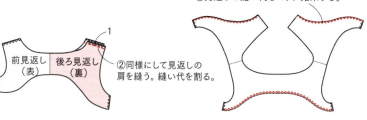

3 衿を作る

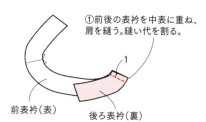
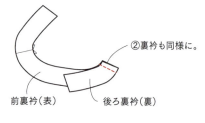
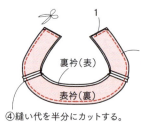

4 衿ぐりを縫う

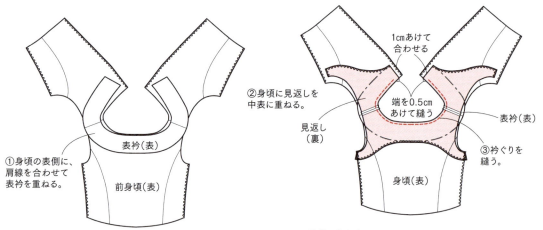

5 袖ぐり・脇を縫う
（SPRING 2・p.53-54 の 4・5 参照）

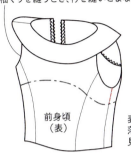

袖ぐりを縫うとき、衿を縫いこまないように注意

前身頃（表）

表から脇の縫い目に落としミシンをして、見返しを固定する。

6 スカートを作り、身頃に縫いつける

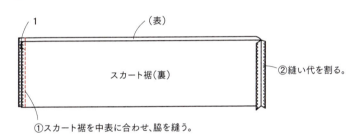

③スカートにギャザーを寄せる（p.44参照）。

後ろスカート（裏）　前スカート（表）

②縫い代を割る。

①前スカートと後ろスカートを中表に合わせ、脇を縫う。

後ろ身頃（表）
後ろスカート（裏）
前身頃（裏）

④身頃とスカートを中表にし、前後中心と脇線を合わせて縫う。
⑤縫い代をロック始末し、身頃側に倒す。

7 後ろ中心を縫い、コンシールファスナーを縫いつける
（SPRING 1・p.51 の 6 参照）

8 スカート裾を作り、縫いつける

（表）
スカート裾（裏）
②縫い代を割る。
①スカート裾を中表に合わせ、脇を縫う。

9 スカート裾を1cm→1cmの三つ折りにし、表から0.8cm幅のステッチをかける

10 ベルトを作る
（SPRING 2・p.55 の 10 参照）

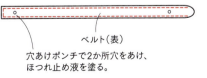

ベルト（表）

穴あけポンチで2か所穴をあけ、ほつれ止め液を塗る。

脇
スカート（表）
スカート裾（裏）
③スカートとスカート裾の前後中心と脇線を合わせる。
④1周縫う。
⑤縫い代をロック始末し、スカート側（布の色が濃いほう）に倒す。

SUMMER 3

Photo P.16

●仕上がりサイズ（左からS/M/Lサイズ）

着丈 … 102.5/103.5/104.5cm
バスト … 80/84/88cm
ウエスト … 60/64/68cm

●材料

布A/綿ポリ（無地・紺）… 108cm幅× 320/340/340cm
布B/綿ポリ（太ストライプ・白×青）… 108cm幅× 310/330/330cm
接着芯（薄手・黒）… 縦30 ×横100cm
コンシールファスナー（70cm・紺）… 1本
バックル金具 … 1個
くるみボタンキット（直径1.5cm）… 3個分

●裁ち合わせ図

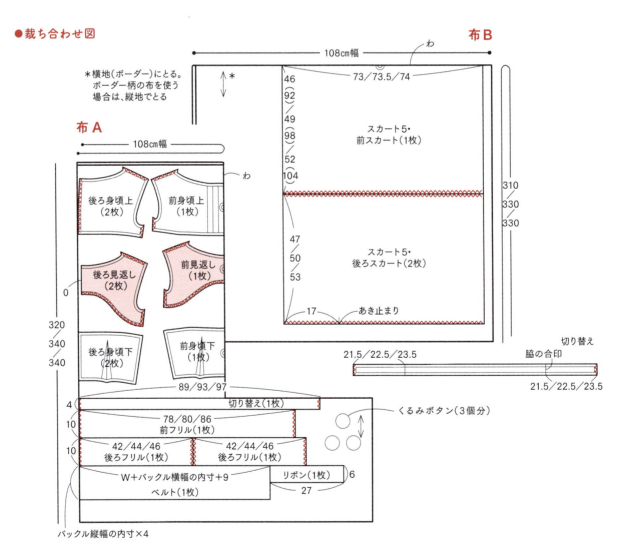

指定以外の縫い代は1cm　　=接着芯を貼る　　=ロックミシン（もしくはジグザグミシン）をかける

1 肩を縫う

①前身頃上の前端をアイロンで図のように折り、縫い代で仮留めする。

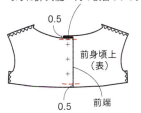

②前身頃上と後ろ身頃上を中表に合わせ、肩を縫う。縫い代を割る。

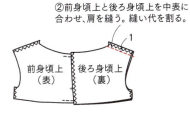

③見返しも同様に。

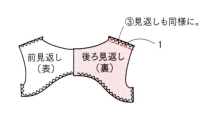

2 衿ぐりと袖ぐり、脇を縫う
（SPRING 2・p.53-54 の 4・5 参照）

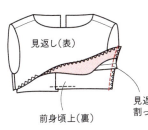

見返しをめくり、袖ぐりの縫い代を割って脇を縫う。縫い代を割る。

3 身頃下を作る

①前身頃下のダーツを縫う。縫い代を中心側に倒す。

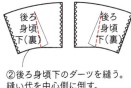

②後ろ身頃下のダーツを縫う。縫い代を中心側に倒す。

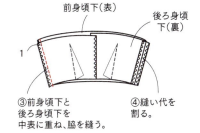

③前身頃下と後ろ身頃下を中表に重ね、脇を縫う。

④縫い代を割る。

4 フリルと切り替えを作る

①前フリルと後ろフリルを中表に合わせ、脇を縫う。 ②縫い代を割る。

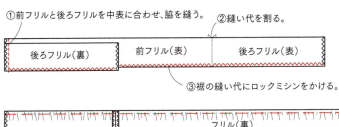

③裾の縫い代にロックミシンをかける。

⑤ギャザーを寄せる（2本・p.44参照）。

④裾の縫い代を裏側に1cm折り、奥まつりかステッチをかけて端処理する。

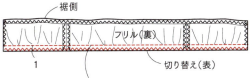

⑥切り替えの脇の合印とフリルの脇線を合わせ、中表で縫う。縫い代をロック始末し、切り替え側に倒す。

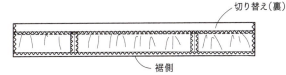

5 身頃に3と4を縫いつける

①身頃下と4の切り替えの脇線を合わせて重ね、仮留めする。

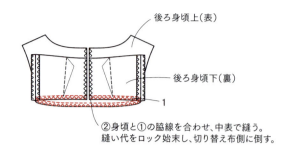

②身頃と①の脇線を合わせ、中表で縫う。縫い代をロック始末し、切り替え布側に倒す。

③フリルをめくって、表から脇の縫い目に落としミシンをし、見返しを固定する。

6 スカートを作り、身頃に縫いつける
（SPRING 2・p.54-55の6参照）

7 後ろ中心を縫い、コンシールファスナーを縫いつける
（SPRING 1・p.51の6参照）

8 スカート裾を1cm→1cmの三つ折りにし、表から0.8cm幅のステッチをかける

9 リボンを作り、身頃に縫いつける

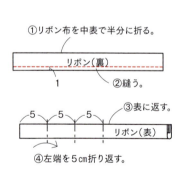

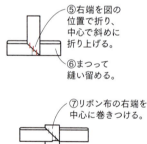

10 くるみボタンを作り、身頃に縫いつける

11 ベルトを作る
（SPRING 2・p.55の10参照）

穴あけポンチで2か所穴をあけ、ほつれ止め液を塗る。

AUTUMN 1

Photo P.18

● **仕上がりサイズ**（左からS/M/Lサイズ）

着丈 … 106.5/107.5/108.5cm

バスト … 80/84/88cm

ウエスト … 60/64/68cm

袖丈 … 55/55.5/56cm

● **材料**

布A/ 綿ポリ（無地・カーキ）… 140cm幅× 240/250/260cm

布B/ 綿ポリ（無地・白）… 108cm幅× 10cm

布C/ ポリエステル（細ボーダー・カーキ）… 108cm幅× 20cm

接着芯（薄手・白）… 縦20×横60cm

コンシールファスナー（70cm・カーキ）… 1本

バックル金具 … 1個

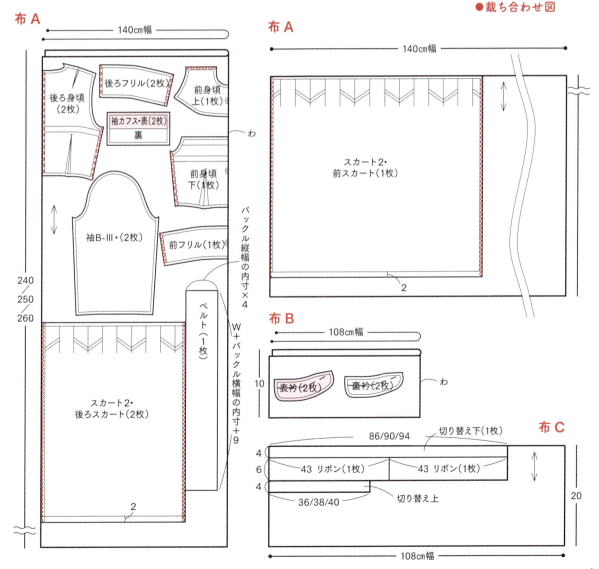

●裁ち合わせ図

指定以外の縫い代は1cm　　=接着芯を貼る　　=ロックミシン（もしくはジグザグミシン）をかける

69

1 前身頃を作る

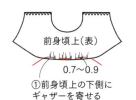

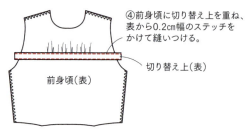

2 後ろ身頃の肩ダーツを縫う

3 身頃の脇を縫う

4 フリルと切り替え下を作り、身頃に縫いつける

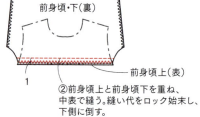
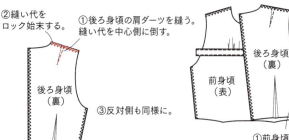
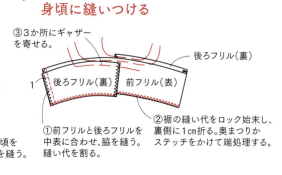
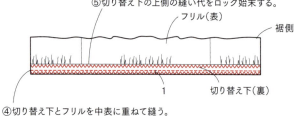
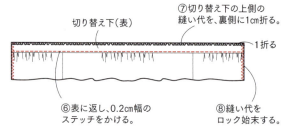
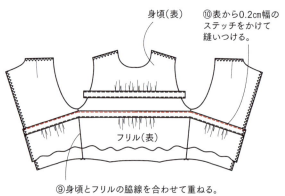

5 身頃のウエストダーツを縫う

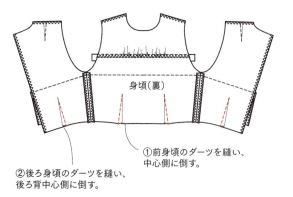

6 身頃の肩を縫う

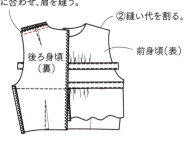

7 袖を作り、身頃に縫いつける

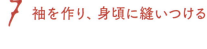

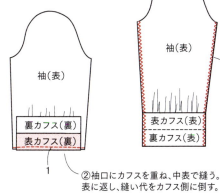
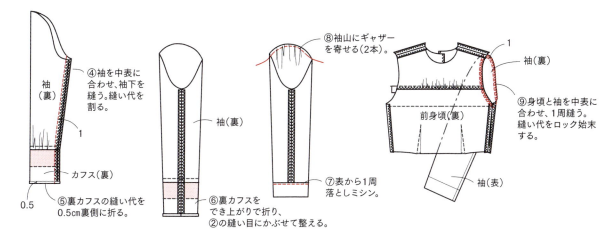
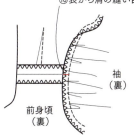

8 スカートを作り、身頃に縫いつける
（SPRING 3・p.57-58 の 5 参照）

9 後ろ中心を縫い、コンシールファスナーを縫いつける
（SPRING 1・p.51 の 6 参照）

10 スカート裾を1cm→1cmの三つ折りにし、表から0.8cm幅のステッチをかける

→ 続く

11 衿を作り、身頃に縫いつける

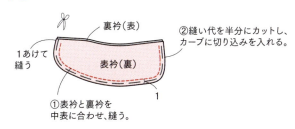

71

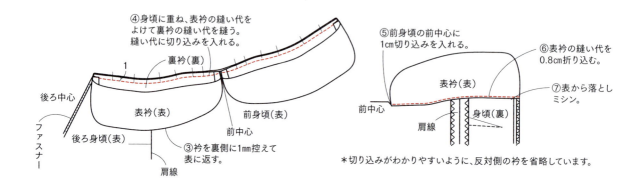

12 リボンを作り、前身頃に縫いつける

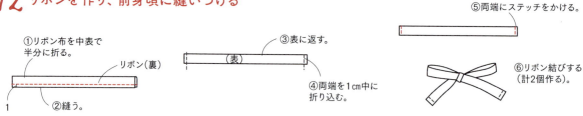

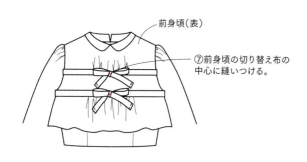

13 ベルトを作る
（SPRING 2・p.55 の 10 参照）

AUTUMN 2

Photo P.20

● 仕上がりサイズ（左から S/M/L サイズ）

着丈 … 104/105/106㎝
バスト … 80/84/88㎝
ウエスト … 60/64/68㎝
袖丈 … 31.5/32/32.5㎝

● 材料

綿ポリ（バラ柄・水色×茶色）… 108㎝幅×240/290/310㎝
接着芯（薄手・黒）… 縦10×横80㎝
2㎝幅ベロアリボン（水色）… 210㎝
コンシールファスナー（70㎝・茶色）… 1本
バックル金具 … 1個

● 裁ち合わせ図

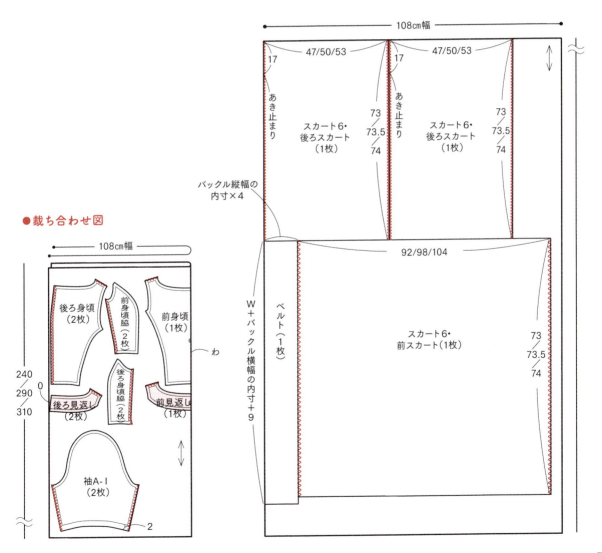

指定以外の縫い代は1㎝　　＝接着芯を貼る　　＝ロックミシン（もしくはジグザグミシン）をかける

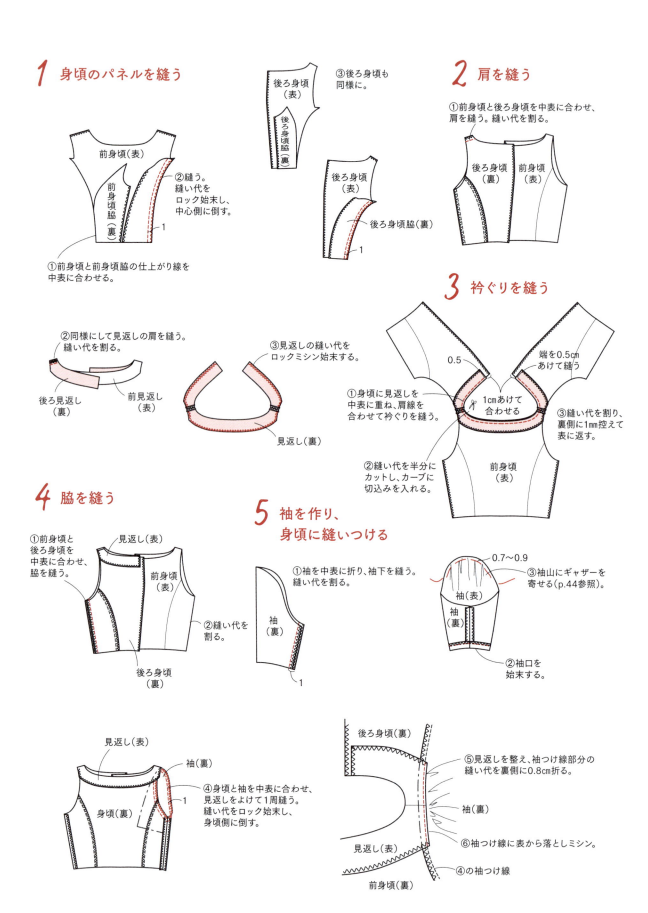

6 スカートを作り、身頃に縫いつける

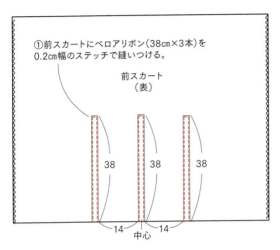

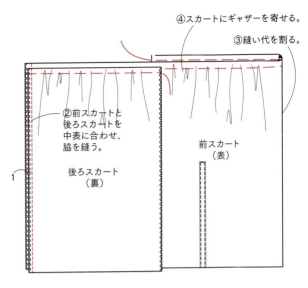

7 後ろ中心を縫い、コンシールファスナーを縫いつける(SPRING 1・p.51の 6 参照)

8 スカート裾を1cm→1cmの三つ折りにし、表から0.8cm幅のステッチをかける

9 リボン飾りを作り、スカートに縫いつける

10 ベルトを作る
(SPRING 2・p.55の 10 参照)

AUTUMN 3

Photo P.22

● 仕上がりサイズ（左からS/M/Lサイズ）
着丈 … 86/87/88cm
バスト … 80/84/88cm
ウエスト … 60/64/68cm
袖丈 … 57.5/58/58.5cm

● 材料
布A/ ウール混（チェック・マスタード）… 148cm幅×160/160/190cm
布B/ 綿ポリ（無地・白）… 108cm幅×40/50/50cm
接着芯（薄手・黒）… 縦10×横45cm
接着芯（薄手・白）… 縦15×横100cm
コンシールファスナー（70cm・黄色）… 1本
金ボタン（直径2.2cm）… 4個

● 裁ち合わせ図

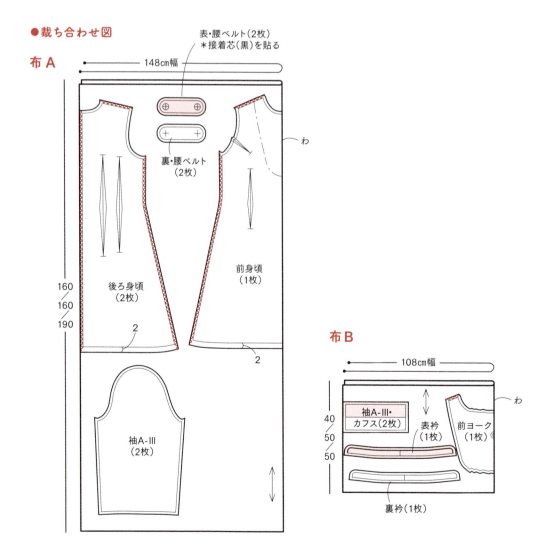

指定以外の縫い代は1cm　　=接着芯を貼る　　=ロックミシン（もしくはジグザグミシン）をかける

1 前ヨークのピンタックを縫い、身頃に縫いつける

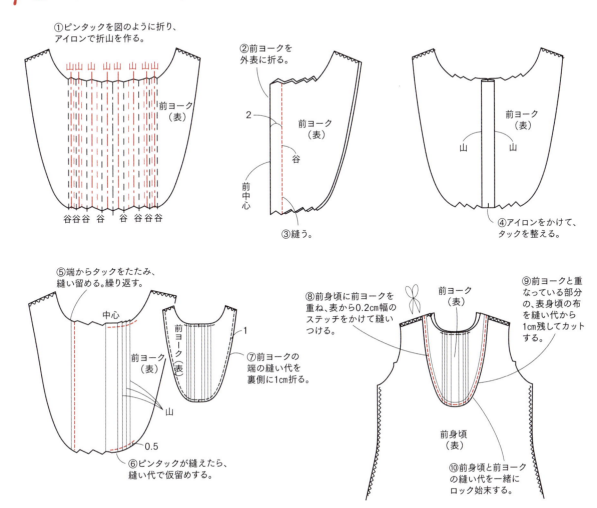

2 身頃のダーツを縫う

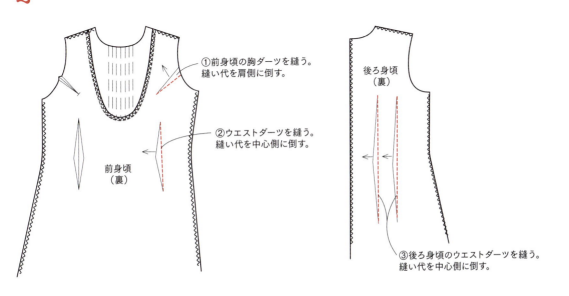

3 肩と脇を縫う

①前身頃と後ろ身頃を中表に合わせ、肩と脇を縫う。縫い代を割る。

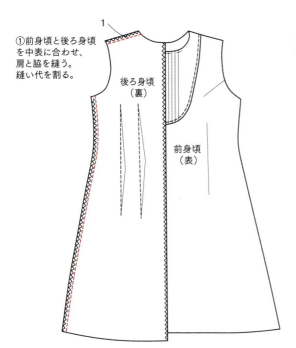

4 後ろ中心を縫い、コンシールファスナーを縫いつける
（SPRING 1・p.51の6参照）

5 スカート裾を1cm→1cmの三つ折りにし、表から0.8cm幅のステッチをかける

6 衿を作り、身頃に縫いつける

①表衿と裏衿を中表に合わせ、両端を1cmあけて縫う。

②縫い代を半分にカットする。

③裏衿側に1mm控えて表に返す。

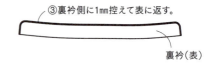

④身頃に表衿を中表に重ね、裏衿をよけて縫う。縫い代を半分にカットし、カーブに切り込みを入れる。

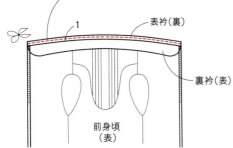

⑤裏衿縫い代を0.8cm折り込む。 ⑥表から落としミシン。

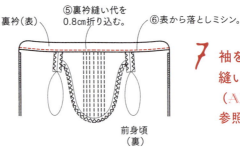

7 袖を作り、身頃に縫いつける
（AUTUMN 1・p.71の7参照）

8 腰ベルトを作り、身頃に縫いつける

①表腰ベルトと裏腰ベルトを中表に合わせ、返し口を残して縫う。

②カーブに切り込みを入れる。

③返し口から表に返し、0.2cm幅のステッチを1周かけて縫い閉じる。

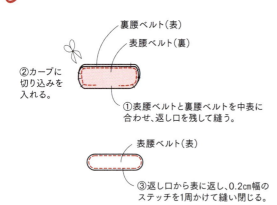

④表腰ベルトの中心を、身頃の脇線に合わせて、ボタンで縫い留める。

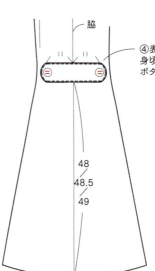

WINTER 1

Photo P.24

●仕上がりサイズ（左からS/M/Lサイズ）
着丈 … 108.5/109.5/110.5cm
バスト … 80/84/88cm
ウエスト … 60/64/68cm
袖丈 … 57.5/58/58.5cm

●材料
布A/ベロア（無地・ワインレッド）… 110cm幅×380/390/400cm
布B/スレキ（無地・臙脂）… 108cm幅×20cm
接着芯（薄手・黒）… 縦20×横60cm
衿ぐり用/約2cm幅コットンレース（白）… 衿ぐり+2cm
飾り用/約2cm幅レースリボン（白）… 80cm
コンシールファスナー（70cm・赤）… 1本
バックル金具 … 1個

●裁ち合わせ図

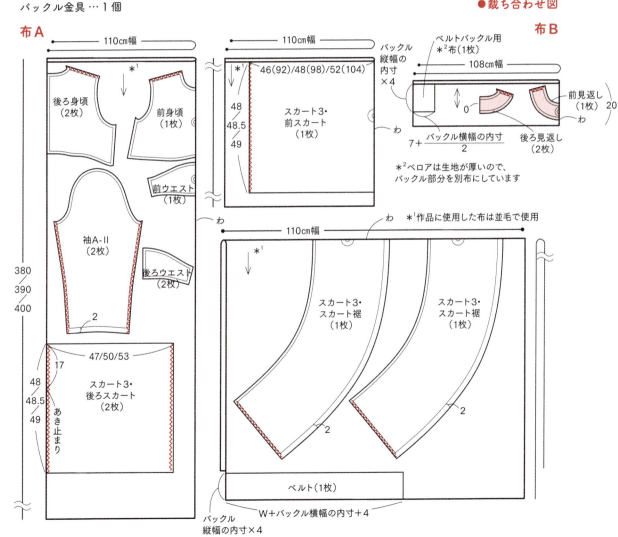

指定以外の縫い代は1cm　　=接着芯を貼る　　=ロックミシン（もしくはジグザグミシン）をかける

1 身頃とウエスト布を縫い合わせる

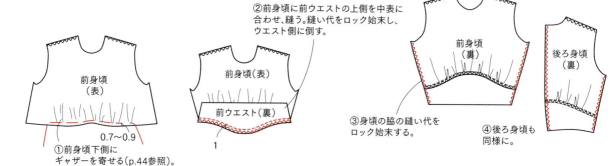

2 肩と脇を縫う

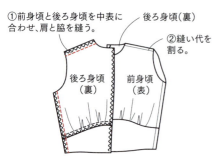

3 袖を作り、身頃に縫いつける

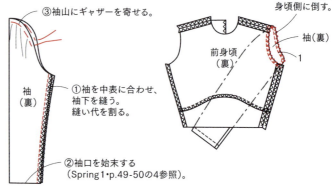

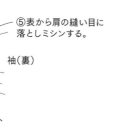

4 スカートを作り、身頃に縫いつける
（SUMMER1・p.61の4参照）

5 後ろ中心を縫い、コンシールファスナーを縫いつける
（SPRING1・p.51の6参照）

6 スカート裾を作り、スカートに縫いつける
（SUMMER1・p.61-62の6参照）

7 スカート裾を1cm→1cmの三つ折りにし、表から0.8cm幅のステッチをかける

8 見返しを作り、衿ぐりを縫う

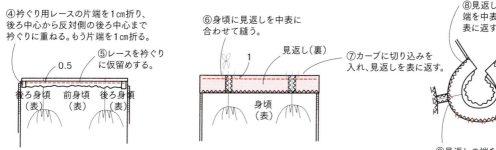
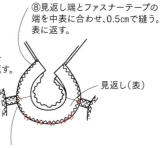

9 リボン飾りを前中心に縫いつける

10 ベルトを作る
（SPRING 2・p.55の10参照）

WINTER 2

Photo P.26

● 仕上がりサイズ（左からS/M/Lサイズ）

着丈 … 99.5/100.5/101.5㎝
バスト … 80/84/88㎝
ウエスト … 60/64/68㎝
袖丈 … 57.5/58/58.5㎝

● 材料

布A/ ウール混（千鳥格子・黒）… 150㎝幅×130/150/170㎝
布B/ 綿ポリ（無地・黒）… 110㎝幅×150/160/160㎝
接着芯（薄手・黒）… 縦30×横30㎝
コンシールファスナー（70㎝・黒）… 1本

● 裁ち合わせ図

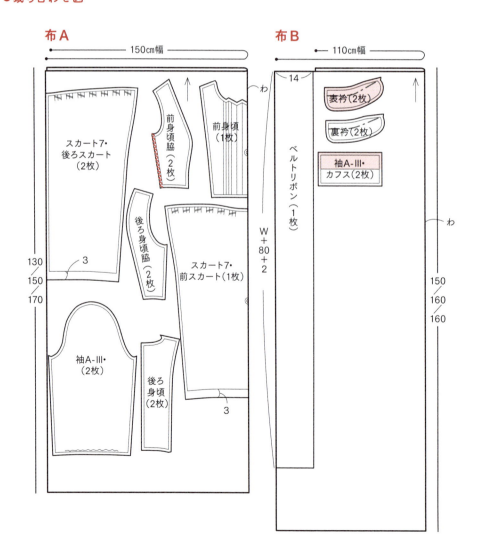

指定以外の縫い代は1㎝　　=接着芯を貼る　　=ロックミシン（もしくはジグザグミシン）をかける

1 前身頃のタックを縫う

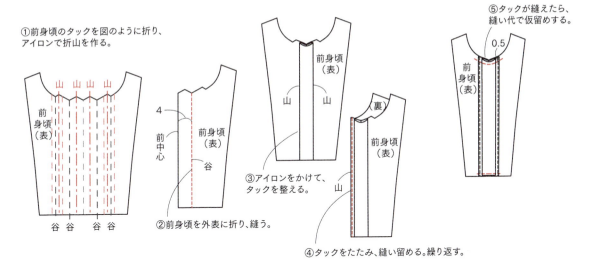

2 身頃のパネルを縫う

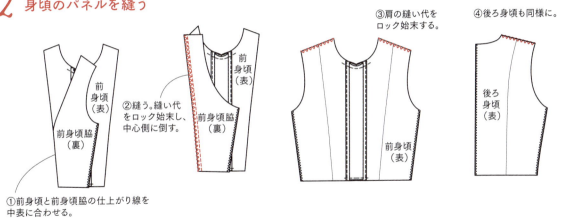

3 肩と脇を縫う

①前身頃と後ろ身頃を中表に合わせ、肩と脇を縫う。
②縫い代を割る。

4 袖を作り、身頃に縫いつける
（AUTUMN1・p.71の7参照）

5 スカートを作り、身頃に縫いつける

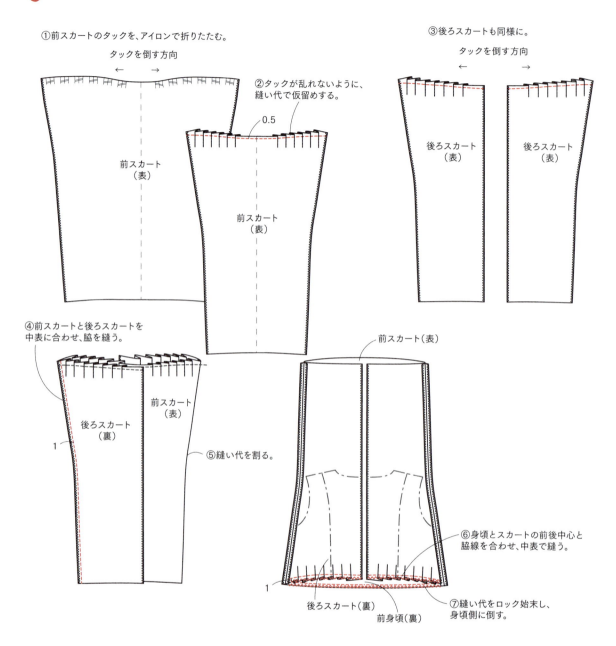

6 後ろ中心を縫い、コンシールファスナーを縫いつける
（SPRING 1・p.51 の 6 参照）

7 スカート裾を1cm→1cmの三つ折りにし、表から0.8cm幅のステッチをかける

8 衿を作り、身頃に縫いつける
（AUTUMN 1・p.71-72 の 11 参照）

9 ベルトリボンを作る
（SPRING 1・p.51 の 8 参照）

WINTER 3

Photo P.28

● **仕上がりサイズ**（左からS/M/Lサイズ）

着丈 … 107.5/108.5/109.5cm
バスト … 80/84/88cm
ウエスト … 60/64/68cm
袖丈 … 57.5/58/58.5cm

● **材料**

布A/ コーデュロイ（花柄・白×ブルーグレー）
… 106cm幅× 300/320/330cm
布B/ 綿（刺繍・白）… 105cm幅× 60cm
接着芯（薄手・白）… 縦30×横100cm
コンシールファスナー（70cm・グレー）… 1本
バックル金具 … 1個
ボタン（直径1.2cm）… 7個

● **裁ち合わせ図**

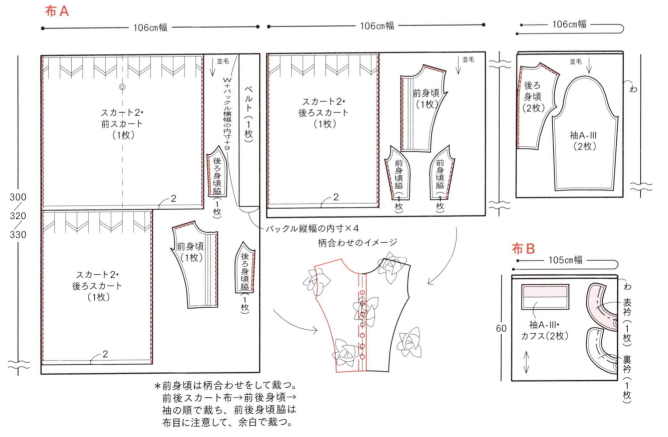

1 身頃のパネルを縫う

2 肩と脇を縫う

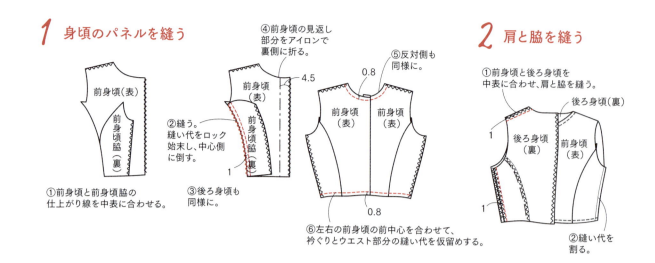

3 袖を作り、身頃に縫いつける
（AUTUMN 1・p.71 の 7 参照）

4 スカートを作り、身頃に縫いつける
（SPRING 3・p.57-58 の 5 参照）

5 後ろ中心を縫い、コンシールファスナーを縫いつける
（SPRING 1・p.51 の 6 参照）

6 スカート裾を 1cm→1cm の三つ折りにし、表から 0.8cm 幅のステッチをかける

7 衿を作り、衿ぐりに縫いつける

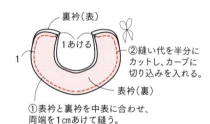

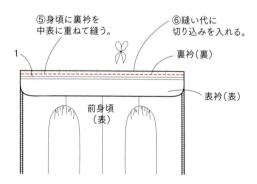

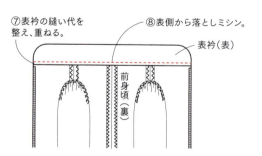

8 前身頃にボタンを縫いつける

①左右の前身頃を
まとめてすくい、
ボタンで縫い留める。

前身頃（表）

9 ベルトを作る
（SPRING 2・p.55 の 10 参照）

ベルト布を作り、バックル金具を通して縫い留める。

Shop list

- AiLeen by GROGGROG/【P10-11】SPRING 3イヤリング
- Boutique 888/【カバー・P12-13】SUMMER 1イヤリング
- Comyu/【カバー・P26-27】WINTER 2イヤリング、【P28-29】WINTER 3イヤリング
- KIKI2/【P16-17】SUMMER 3バングル、【P01・20-21】AUTUMN 2イヤリング
- Little Annette/【カバー・P26-27】WINTER 2ヘッドドレス、【P28-29】WINTER 3ヘッドドレス
- Love Letter Vintage /【カバー】SPRING 2グローブ、【P14】SUMMER 2パンプス
- 古着屋 Roinaz/【カバー】SPRING 2イヤリング、【P01・18-19】AUTUMN 1イヤリング、【P22-23】AUTUMN 3イヤリング・パンプス、【P26】WINTER 2パンプス
- R.t.T/【P06-07】SPRING 1グローブ、【カバー・P12-13】SUMMER 1グローブ、【P01・20-21】AUTUMN 2グローブ
- Toi et Moi（トワ・エ・モア）/【P16-17】SUMMER 3帽子
- vintage ハレンチノ /【カバー・P14-15】SUMMER 2 イヤリング、【P16-17】SUMMER 3イヤリング
- 高円寺 ひらる /【P01・20-21】AUTUMN 2リング、【P24-25】WINTER 1帽子・イヤリング
- マタボンド /【P16】SUMMER 3パンプス

撮影協力

- AWABEES（アワビーズ）
- PROPS NOW（プロップスナウ）

Staff

ブックデザイン＿＿わたなべひろこ
撮影＿＿村尾香織
スタイリング＿＿佐々木美香、藤澤穂香
ヘア＆メイク＿＿橘房図
モデル＿＿eve、sofia
トレース・基本の解説＿＿永野雅子
作品の作り方・パターングレーディング＿＿小島衣料
DTP＿＿ニッタプリントサービス
校正＿＿向井雅子
作り方解説・編集協力＿＿佐藤綾香
編集＿＿宮本京佳
編集サポート＿＿江波戸千利世、池上さくら、髙橋一颯、齋藤匠

レトロガーリーワンピース
Mayo Suzukiのソーイングブック

2025年3月19日発売　初版発行

著　者	Mayo Suzuki
発行者	山下直久
発　行	株式会社KADOKAWA
	〒102-8177　東京都千代田区富士見2-13-3
	電話　0570-002-301（ナビダイヤル）
印刷所	TOPPANクロレ株式会社
製本所	TOPPANクロレ株式会社

本書の無断複製（コピー、スキャン、デジタル化等）並びに無断複製物の譲渡および配信は、著作権法上での例外を除き禁じられています。また、本書を代行業者等の第三者に依頼して複製する行為は、たとえ個人や家庭内での利用であっても一切認められておりません。

●お問い合わせ
https://www.kadokawa.co.jp/（「お問い合わせ」へお進みください）
※内容によっては、お答えできない場合があります。
※サポートは日本国内のみとさせていただきます。
※ Japanese text only

定価はカバーに表示してあります。
©Mayo Suzuki 2025 Printed in Japan
ISBN978-4-04-607004-3　C0077